CONSEIL D'ÉTAT.

MÉMOIRE

POUR

MM. PAYEN ET BURAN, CAMBACÉRÈS ET CIE.

COMITÉ
DE L'INTÉRIEUR.

M. ZÉDÉ,
Maître des requêtes,
rapporteur.

MESSIEURS,

Depuis 1780, on a, sans interruption, abattu des chevaux à Javelle, sur un terrain appartenant à M. Payen, et consacré à plusieurs autres établissemens de première classe.

Aujourd'hui MM. Payen et Buran, Cambacérès et compagnie demandent l'autorisation *d'établir* dans le même lieu une fabrique de noir animalisé, et de donner à l'exploitation d'écarrissage *toute l'extension* dont la rendent susceptible de nouveaux perfectionnemens.

D'un côté, MM. Payen et Buran sont en possession d'un procédé à l'aide duquel ils détruisent instantanément l'odeur infecte des matières fécales, les solidifient et les convertissent en un engrais qui peut se transporter au loin sans aucun inconvénient.

D'un autre côté, M. Cambacérès et compagnie soumettent les cadavres des chevaux à une opération terminée en peu d'heures, et à l'aide de laquelle ils séparent les produits utiles aux arts, convertissent les chairs en tourteaux, ou, les mettant à l'abri de la putréfaction, en rendent le transport facile à des distances considérables, pour servir à la nourriture des animaux, à l'engrais des terres et aux produits chimiques.

Les immenses avantages de ces procédés nouveaux ne sauraient être contestés; MM. Payen, Buran et Cambacérès ont fait faire aux applications de la chimie moderne un des progrès les plus importans dans l'intérêt des grandes agglomérations d'habitans.

Ces perfectionnemens dans les opérations de l'écarrissage et dans la manière de traiter les produits des vidanges constituent deux nouvelles branches d'industrie, que les inventeurs exploitent à Javelle sur la même propriété. Le brevet d'invention qu'ils ont obtenu ne les dispensant pas, pour établir leurs ateliers, de se munir d'une autorisation particulière, ils en ont fait la demande au mois d'octobre 1832, et toutes les formalités requises pour les établissemens de première classe ont été remplies. Après l'enquête *de commodo et incommodo*, une autorisation provisoire leur a été accordée sous certaines conditions, afin que l'expérience fît mieux connaître les avantages et les inconvéniens de ces nouvelles industries.

Nous devons aujourd'hui soumettre au Conseil d'État quelques observations à l'appui de la demande, sur laquelle il est appelé à prononcer : nous établirons

1°. Que les deux industries relatives à l'écarrissage et à la désinfection des matières fécales offrent un immense intérêt public ;

2°. Que l'établissement de ces deux industries à Grenelle, dans le local indiqué par la demande, n'a aucun inconvénient ;

3°. Que l'adjonction de ces industries à d'autres fabrications dont MM. Payen et compagnie sont en possession n'a que de grands avantages pour la commune de Grenelle et les communes voisines.

I.

Des deux industries en elles-mêmes et de leurs avantages.

Chacun sait, et nous n'avons pas besoin de le démontrer, que les établissemens qui répandent, aux alentours de Paris, les émanations les plus infectes et les plus incommodes sont les clos d'écarrissage et les bassins de vidanges, où la putréfaction agit sur des masses énormes de débris d'animaux et de matières fécales. Montfaucon, cette voirie générale, ce réceptacle de toutes les vidanges de la capitale, excite, avec raison, les réclamations de toutes les populations voisines ; les émanations qui s'exhalent de cet immense cloaque sont constamment insupportables dans une circonférence de deux mille mètres ; les vents les portent quelquefois, avec toute leur intensité, à plus de quatre mille, et il est reconnu qu'elles se propagent, dans certaines circonstances atmosphériques, jusqu'à huit mille. Les bassins seuls de cette voirie ont 52,800 mètres de superficie ; douze arpens sont occupés par les matières sèches et les chantiers d'écarrissage. On y apporte par jour 230 à 244 mètres cubes de produits de fosses d'aisance, et on laisse pourrir sur le sol les cadavres des animaux apportés de la ville de Paris, qui fournit chaque année de 18 à 20,000 chevaux et de 25 à 30,000 petits animaux. Que l'on juge donc de la masse qui existe aujourd'hui à Montfaucon, et de l'infection qui doit s'échapper de ce lieu.

L'Administration a compris qu'elle ne pouvait laisser subsister cet état de choses, et qu'il fallait chercher un remède à cette hideuse plaie qui déshonore la capitale. On a fait des travaux considérables à Bondy : la ville a dépensé un million ; mais aujourd'hui les bassins de Bondy sont remplis, et ne peuvent être vidés. D'ailleurs, l'opinion publique est justement soulevée contre le mode de transport des matières fécales opéré sur le canal de l'Ourcq, dont les eaux servent aux usages domestiques des habitans de Paris; l'embarras dans lequel se trouve la ville est des plus grands, et doit nécessairement s'accroître d'année en année.

Or, cet état de choses cessera le jour même où on laissera MM. Payen, Buran et Cambacérès exercer librement leurs nouvelles industries : les clos d'écarrissage se transformeront en abattoirs, et les sentines de vidanges en fabriques moins incommodes que celles que l'on permet d'élever au sein même des villes.

Dans tous les clos d'écarrissage on se contente, jusqu'à présent, d'enlever la peau des animaux et quelques produits; puis on laisse les cadavres exposés sur le sol; on attend que plusieurs mois de putréfaction aient dépouillé les os de leurs chairs et les aient rendus propres à diverses fabrications; on les livre alors au commerce, encore couverts de débris de chairs putréfiées. Il y a, dans cette méthode, perte de matières utiles, infection continuelle et insupportable, spectacle hideux, qui repousse au loin les habitations. Chez M. Cambacérès et compagnie, au contraire, il y a emploi de toutes les parties de l'animal; on rencontre dans son établissement la même propreté que dans une boucherie bien tenue, et on n'y sent d'autre odeur que celle d'une vaste cuisine : en vingt-cinq minutes l'animal est abattu et dépecé, les intestins ont été vidés et lavés, le sang a été recueilli avec soin, les matières stercorales ont été désinfectées, et l'animal, coupé par quartiers, est placé dans d'immenses cuves autoclaves pouvant contenir chacune vingt-cinq chevaux : la cuisson est prompte, et bientôt on retire des cuves des huiles, des gélatines, des chairs cuites propres à la nourriture des animaux et à la fabrication du bleu de Prusse, des os purs et blancs, toutes matières sans odeurs insalubres ni même désagréables. Ces produits sont aussitôt livrés au commerce ; la promptitude de la production et de la vente forment une condition importante du succès. Les os sont mis en usage par la fabrique de sel ammoniac, qui est sur le même terrain ; les gélatines sont livrées immédiatement à la fabrique de colle-forte qui touche l'établissement de M. Cambacérès.

Une Commission nommée, en 1833, par le Conseil de salubrité, pour l'examen des procédés de MM. Payen et Cambacérès, et composée de MM. d'Arcet, Huzard fils et Parent-Duchatelet, s'exprimait ainsi dans son rapport :

« La rapidité avec laquelle se pratique l'opération n'est pas ce
» qui la fait le plus remarquer ; elle se recommande surtout par
» l'état dans lequel elle laisse les chairs, *qui ne répandent plus*
» *d'odeur*, et qui, mises de cette manière à l'abri de la putré-
» faction, peuvent être conservées pendant un temps illimité et
» transportées facilement à des distances immenses, pour servir
» ensuite à la nourriture des animaux, à l'engrais des terres,
» ou aux produits chimiques. Cet exposé suffit pour faire con-
» naître combien ce nouveau procédé l'emporte sur l'ancien ; les
» commissaires chargés de l'examiner ne craignent pas de dire
» que, par ce moyen, les chantiers d'écarrissage deviendraient
» peut-être moins désagréables pour le voisinage que beaucoup
» d'autres fabriques, et que, par conséquent, il fera *passer*
» *dans la seconde classe des établissemens insalubres* et désagréa-
» bles le plus infect et le plus désagréable des établissemens. »

Les procédés de MM. Payen et Buran, pour la désinfection des matières fécales et leur conversion immédiate en engrais, ne sont ni moins ingénieux ni moins dignes de toute la bienveillance de l'Administration. Laissons parler les mêmes commissaires, dont l'opinion a toute l'autorité de la science et de l'impartialité : « Devant les commissaires, M. Payen et compagnie

» ont fait verser dans une augette deux seaux de matières li-
» quides provenant des vidanges ; ils ont jeté sur cette matière
» une poudre carbonisée absorbante, et, dans l'espace de deux
» minutes, montre à la main, la désinfection a été si complète,
» que les commissaires ont pu prendre des poignées de cette
» nouvelle substance, la porter à leur nez, et ne plus y recon-
» naître qu'une légère odeur ammoniacale franche et sans la moin-
» dre trace de matière animale, tant l'opération avait été
» prompte et complète ; les mains mêmes de l'ouvrier qui avait
» brassé et malaxé le tout étaient exemptes de toute odeur.

» Les commissaires ont fait répéter l'expérience sur un ton-
» neau entier de matière fécale, et, dans l'espace de cinq mi-
» nutes, les résultats ont été aussi satisfaisans que dans l'expé-
» rience faite en petit. La propriété désinfectante de la substance
» employée est telle qu'elle détruit l'odeur des boyaux putré-
» fiés aussi facilement que celle des matières fécales ; c'est ce
» que les commissaires ont vu plusieurs fois avec surprise ; car
» est-il au monde une substance dont l'infection soit plus grande
» que celle qu'exhale, en cet état, cette substance animale ?
» *Nous défions de voir une expérience plus concluante.*

» Ce n'est pas sur un seau ou sur un tonneau de matières fé-
» cales qu'opèrent habituellement MM. Salmon, Payen et com-
» pagnie, c'est souvent sur un très grand nombre qu'ils agissent
» à la fois ; ils forment, avec leur substance absorbante et désin-
» fectante, des bassins immenses ; ils y boulent, à la manière des
» maçons, toutes les matières liquides qu'on y verse, et dans
» l'espace d'une heure, à l'aide de quelques ouvriers, cette quan-
» tité de tonneaux de matières liquides et infectes est convertie
» en un terreau parfaitement inodore. Qui le croirait ? *cette*
» *grande manipulation se fait sans dégagement d'odeur sensible*
» *au dehors. Il en est de même du versement des matières dans*

» *les bassins, par le moyen de la poudre qu'on y jette en même*
» *temps; c'est ce qu'ont pu constater tous les membres de la*
» *commission.* »

Ce n'est pas assez encore: MM. Payen et Buran font opérer la désinfection, et la conversion en engrais dans les fosses mêmes; et c'est ainsi qu'ils exploitent maintenant les matières fécales dans l'intérieur de Paris; ce n'est plus que de l'engrais qu'ils extraient des fosses et transportent à leur atelier. On ne conduit chez eux en nature que le produit des fosses d'aisance des communes environnant Grenelle, et ces matières sont, à l'instant même de leur arrivée, travaillées et couvertes.

Les procédés nouveaux, appartenant à MM. Payen, Buran et Cambacérès, et l'application qu'ils en font, ont excité l'attention et mérité l'approbation de tous les hommes éclairés. Ces découvertes sont consignées dans les publications et les archives de presque toutes les sociétés savantes de France et d'Europe.

Au témoignage du Conseil de salubrité, nous ajouterons celui du premier corps savant de l'Europe. Le 8 décembre 1834, l'Académie des sciences, après avoir fait spontanément examiner la question par une commission prise dans son sein, décerna un de ses grands prix à l'auteur de la découverte, réalisée dans l'établissement de M. Payen, et ainsi reconnue la plus importante de l'époque, dans l'intérêt de la salubrité et de l'agriculture.

Ce prix fut décerné sur un rapport dans lequel MM. d'Arcet, Dulong, Dumas, Robiquet et Thenard s'expriment ainsi :
« Il résulte de ces divers documens que M. Salmon a établi,
» en 1826, à Grenelle, sous la raison de commerce Salmon,
» Payen et Lupé, une fabrique de noir animalisé, qui continue
» ses travaux entre les mains de MM. Payen et Buran.... Dans
» ces diverses usines, et particulièrement dans celle de Grenelle,
» que les commissaires ont pu visiter, après s'être bien con-

» vaincus que ce procédé produit une désinfection complète,
» subite et durable, qui en fait un moyen d'assainissement cer-
» tain pour tous les lieux habités, la commission a jugé qu'il était
» très digne des encouragemens de l'Académie. Elle l'a accueilli
» avec d'autant plus d'intérêt que, loin d'anéantir la matière or-
» ganique désinfectée, ce procédé la convertit immédiatement en
» un produit qui vient encore augmenter la masse des engrais
» dont l'agriculture peut disposer…. »

On lit dans un rapport fait, en 1835, par une commission,
formée par le préfet de police et le préfet de la Seine, pour la
recherche des améliorations à introduire dans les voiries et les
modes de vidange : « On peut aujourd'hui, à l'aide de poudres
» absorbantes, jetées dans les fosses et mélangées aux matières
» qu'elles contiennent, désinfecter ces matières et les extraire
» sans faire courir aux ouvriers le moindre danger; les expé-
» riences faites par M. Payen sur ce mode de désinfection, dans
» les fosses mêmes, ont fixé l'attention de l'Administration : on
» peut assurer que les résultats en sont des plus satisfaisans…
» *Nous ne craignons pas d'affirmer que la désinfection complète*
» *et instantanée des matières fécales est une affaire certaine*, et
» que de nouvelles expériences ne feraient que reproduire ce
» que des milliers d'opérations ont démontré depuis quatre an-
» nées; ce n'est pas par hectolitres que l'on peut apprécier la
» quantité de poudrette préparée de cette manière, mais bien par
» charge de bateaux, portant chacun plusieurs centaines de ton-
» neaux. Des milliers de personnes ont vu cette nouvelle prépa-
» ration; elle a fait la surprise de tout ce que Paris renferme de
» plus instruit et de plus éclairé. »

Après avoir invoqué l'autorité de la science, nous pouvons
invoquer celle des tribunaux. Le 26 juillet 1834, M. Payen fut
cité devant le tribunal de police, comme prévenu d'avoir

opéré la vidange d'une fosse d'aisance, sans en avoir obtenu l'autorisation ; mais il fut renvoyé de la plainte : « Attendu que » l'extraction dont il s'agit est celle de matières *qui ne sont plus* » *fécales ni infectes*, et que, dès lors, l'ordonnance de police n'est » plus applicable. »

Nous pourrions montrer l'opinion publique se manifestant en faveur de MM. Payen et Buran, par l'organe de tous les journaux quotidiens de la capitale, un seul excepté (*le Réformateur*), et par l'organe de presque tous les journaux scientifiques. Nous rappellerons seulement un article du journal *le Temps*, du 25 juin 1835, où est rapportée en détail une expérience faite dans un des hôtels de la Chaussée-d'Antin : « ....., La vidange de la » fosse, dans ce local, fut faite en plein jour. Commencée à neuf » heures du matin, elle a été terminée à cinq heures du soir ; en » sorte que le sommeil des habitans n'a même pas été troublé : » nouvel avantage à joindre aux autres.

» La fosse en question, étroite et profonde, étant d'un accès » difficile, un seul homme y pouvait descendre, opérer le mé- » lange de la poudre désinfectante, et charger les paniers, que » l'on hissait du haut; il ne fut en aucune façon indisposé, toute » émanation insalubre étant absorbée.

» La substance, ainsi extraite, offrait l'aspect d'un terreau ; » elle fut en partie immédiatement employée sur des pelouses, » des plates-bandes, et mélangée, dans la proportion d'un 20e, » dans la terre des empotages ou encaissage d'arbustes, et encore » avec des terreaux usés auxquels elle communiquait une nou- » velle vigueur. Tout le reste traversa les beaux quartiers de la » ville, dans des voitures découvertes, sans plus d'inconvéniens » que si elles eussent transporté du charbon de terre. »

Le journal de la localité, l'*Extra-Muros*, s'exprime ainsi, dans son numéro du 10 mai 1835 : « L'un des produits les plus

» intéressans des innovations actuelles , sur lequel nos confrères
» les grands journaux, et les ouvrages scientifiques; ainsi que
» l'Institut et autres sociétés savantes, ont déjà appelé l'atten-
» tion publique : c'est un engrais très utile à l'agriculture, connu
» sous le nom de noir animalisé , et dont la préparation a cela
» de remarquable, qu'elle nécessite la désinfection des matières
» les plus putrides ; que cet important résultat a lieu dans l'inté-
» rieur même des fosses d'aisance, où les hommes ne courent
» plus le risque d'être asphyxiés. *L'expérience de cinq années*
» *ne semble laisser aucun doute à cet égard.* Émettons, en ter-
» minant, le vœu que les progrès incessans de la chimie manu-
» facturière permettent à M. Payen et compagnie de diminuer
» encore les émanations de leur fabrique de sel ammoniac , les
» seules qui *soient réellement incommodes pour le voisinage.* »

Dans le numéro du 6 septembre 1835 : « L'illustre Suédois
» Berzélius, accompagné de plusieurs savans français et étran-
» gers, est allé visiter, dans tous leurs détails, les établissemens
» manufacturiers de M. Payen, à Grenelle. Il a, surtout, attenti-
» vement examiné les opérations relatives à la désinfection, en
» grand, des matières animales, rapidement converties en un
» riche engrais.

» Ces procédés offrent un vif intérêt, non seulement pour la
» science et l'agriculture ; mais encore pour la salubrité publique,
» car leur application, s'étendant par degré aux vidanges des
» fosses d'aisance, fera cesser un jour les dangers d'asphyxie qui
» compromettent si gravement la vie des hommes. »

La science a prononcé; la justice a constaté les faits ; la presse
les a proclamés. Il n'est plus, désormais, possible de contester les
avantages des établissemens de Javelle, et leur supériorité sur les
moyens mis en usage à Montfaucon. Ces améliorations, si importantes dans l'intérêt de la salubrité publique, seront-elles repous-

sées? Refusera-t-on à MM. Payen, Buran et Cambacérès l'autorisation d'établir leurs industries à Javelle, sur un terrain déjà consacré à des ateliers de première classe, et éloigné des habitations? les empêchera-t-on de faire jouir la capitale des immenses avantages qu'ils lui offrent? Telle est la question.

II.

L'établissement à Javelle des industries nouvelles n'a pas d'inconvéniens.

MM. Payen, Buran et Cambacérès ne demandent pas un privilége, ils ne sollicitent pas le droit exclusif de vider les fosses et d'abattre les chevaux; ils sollicitent seulement le libre exercice de leurs industries et l'autorisation nécessaire pour conserver leurs ateliers à Javelle; ils se soumettent, du reste, à toutes les conditions qu'on croira devoir leur imposer dans l'intérêt de la salubrité publique.

S'il s'agissait de choisir entre tous les points qui peuvent, aux alentours de Paris, servir à l'établissement d'une voirie et d'un clos d'écarrissage, il y aurait des motifs puissans de préférence pour Javelle, le lieu même où MM. Payen, Buran et Cambacérès veulent mettre en usage leurs procédés nouveaux. En 1825, MM. Robinet et Dufort sollicitèrent l'autorisation d'établir un clos central d'écarrissage; une commission fut alors nommée par le préfet de police pour faire des recherches sur le lieu le plus propre à un semblable établissement. Cette commission, après s'être livrée, pendant deux années, à de consciencieux travaux, présenta un rapport, dans lequel on lit (p. 56): « Le premier » objet qui nous a occupés a été de savoir si l'emplacement pro- » posé (Javelle) était bien choisi, et s'il n'en existait pas d'autres,

» aux environs de Paris, qui offrissent des avantages plus grands
» et assez marqués pour qu'il fût convenable de leur donner la
» préférence.

» Comme il faut que l'atelier d'écarrissage soit établi sur le bord
» de la rivière, nous n'avions à choisir que la partie supérieure
» et la partie inférieure de la Seine.

» Nous avons dû rejeter les emplacemens qu'aurait pu nous
» présenter la partie supérieure de cette rivière, pour ne point
» ajouter à l'iusalubrité de ses eaux par les résidus de l'établisse-
» ment.

» N'ayant plus que la partie inférieure, nous avons pensé que
» le local proposé était très convenable, et qu'il serait difficile
» et même impossible d'en trouver un autre qui réunît à un plus
» haut degré toutes les conditions nécessaires à sa destination
» future.

» Nous fondons notre opinion, à cet égard, sur les raisons
» suivantes :

» L'endroit désigné n'est pas à une trop grande distance de la
» ville, condition nécessaire et indispensable : on ne peut l'établir
» plus près, à cause des habitations et du nouveau village de
» Javelle qui se trouvent entre ce local et la barrière;

» Il est isolé de toute part, sur un point de la rive gauche de
» la Seine, qui n'est jamais fréquenté, et à une distance conve-
» nable d'Auteuil, pour que les émanations qui pourront sortir
» du clos n'incommodent pas ce village;

» Il sera entouré de plusieurs grandes fabriques de produits
» chimiques, qui toutes confectionnent une très grande quantité
» de substances animales. Ces fabriques emploieront les produits
» de l'établissement, et détruiront tout ce qui pourrait causer de
» l'infection.

» Ce qui prouve encore la convenance du local indiqué, c'est-

» qu'il a été constamment choisi par la plupart de ceux qui, à
» diverses époques, ont proposé la formation d'un établissement
» semblable à celui qui nous occupe, et *approuvé par les diverses*
» *administrations qui se sont succédé.* C'est sur lui que la com-
» pagnie Chollet exerça ses travaux depuis 1780 jusqu'en 1784;
» car on y voit encore, lorsqu'on fouille la terre, les ruines des
» constructions que cette compagnie y avait élevées, et les débris
» des chevaux qui y étaient enfouis, etc., etc.
, » On dit que, d'après les dispositions nouvelles, le transport
» des cadavres des chevaux morts dans Paris devant avoir lieu
» dans les plus belles rues du faubourg Saint-Germain, habité
» généralement par la classe riche, il en résulterait un grand in-
» convénient; mais on peut répondre qu'à l'aide d'une voiture
» qui aura une construction particulière et qui sera constamment
» cachée, personne ne s'apercevra de ce qu'elle transporte. »

Ce rapport n'a pas été écrit pour l'affaire qui nous occupe; il
était provoqué par la demande d'autres industriels.

Si telle était l'opinion de la science en 1827, alors que l'écarrissage n'était pas encore perfectionné, que doit-on penser aujour-
d'hui que l'on a fait l'application des procédés nouveaux, et qu'il
ne s'agit plus d'établir à Javelle que des ateliers qui ne sont désormais ni insalubres ni incommodes?

Il est, sur la position où l'on demande à conserver ces ateliers,
des observations importantes qu'il ne faut pas perdre de vue :

C'est que l'établissement n'est pas trop éloigné de la ville;

C'est que ses abords sont faciles;

C'est qu'il est bordé par la rivière;

C'est qu'il est situé sur la partie inférieure de son cours;

Sur la rive la moins fréquentée;

Sur un point qui n'est fréquenté, encore aujourd'hui, que par
les ouvriers de l'établissement même;

C'est qu'il est situé à la distance de plus de mille mètres des habitations les plus rapprochées ;

C'est qu'il occupe moins d'un arpent de terrain sur une étendue de dix-huit arpens appartenant à M. Payen, et couverts d'établissemens de première classe ;

C'est que sa proximité de ces établissemens permet d'employer aussitôt les produits de l'écarrissage ;

C'est que l'on a constamment abattu des chevaux en ce lieu depuis 1780.

Ne sont-ce pas là des motifs assez nombreux et assez puissans de préférence ?

Toutefois il faut reconnaître que la demande de MM. Payen, Buran et Cambacérès a excité des oppositions très nombreuses et très vives : nous allons les examiner, et nous démontrerons que toutes reposent sur des erreurs et des préjugés.

Les motifs sur lesquels se fondent les opposans, sont tous reproduits dans un mémoire présenté par la compagnie des pont, gare et port de Grenelle. Ils peuvent se résumer en deux principaux : d'un côté le transport des matières fécales à travers les rues, et la convergence continuelle vers l'établissement, d'animaux morts ou mourans ; d'un autre côté, l'insalubrité et l'incommodité des exhalaisons.

Quant au premier motif, il suffira de rappeler que la transformation des matières fécales se fait le plus ordinairement dans les fosses mêmes, *que c'est ainsi que l'on opère dans Paris*, et que les animaux morts pourront être transportés dans des voitures couvertes.

Quant au second motif, il s'agit, dit-on, *d'un amas de cadavres, de chevaux et de matières fécales avec lesquelles les engrais doivent être fabriqués ; les exhalaisons qui en sortent sont pesti-*

lentielles, elles sont aussi insalubres qu'incommodes. (Voy. le Mémoire.)

Si l'on examine avec soin les motifs des oppositions, on voit qu'elles naissent toutes de l'idée que l'on s'est faite des voiries telles qu'elles existaient avant l'emploi des procédés nouveaux. Chacun s'effraie à la pensée de voir transporter à Javelle, Montfaucon et toutes ses horreurs; mais, au lieu de s'effrayer ainsi, que l'on veuille bien voir par soi-même, que l'on ne refuse pas, avec opiniâtreté, comme l'ont fait quelques uns des opposans les plus influens, de venir visiter la fabrique et de prendre connaissance des procédés qui y sont mis en usage, ou bien, si l'on ne veut pas voir et juger par soi-même, que l'on consente du moins à écouter les savans qui ont vu et apprécié. On saura alors qu'il ne s'agit pas d'un *amas de cadavres,* mais bien d'un abattoir, où toutes les parties des chevaux sont à l'instant même converties en produits utiles et inodores; on saura qu'il ne s'agit pas non plus *d'un amas de matières fécales,* mais bien d'un dépôt d'engrais qui ne conserve aucune odeur.

En 1833, la Commission de salubrité a constaté que les *matières fécales étaient converties en un terreau parfaitement inodore; que les produits de l'écarrissage ne répandent aucune odeur et peuvent être conservés pendant un temps illimité.* (Pag. 17 et 15 du rapport imprimé.)

Le 26 février 1833, le comité consultatif des arts et manufactures émit un avis qui porte : « Deux membres du comité se sont » transportés à Grenelle dans la fabrique de M. Payen, et ont » fait répéter, en leur présence, une opération qui a pour objet de » mêler la matière fécale récemment extraite des fosses avec des » terres contenant du charbon dans la proportion de deux parties » de terre et d'une partie de matière fécale. A peine le mélange » était-il fait, que l'odeur avait disparu; et nous demeurons per-

» suadés, en conséquence, que l'opération *ne peut donner lieu à*
» *aucune émanation sensible pour les voisins.* »

En 1834, la Commission nommée par le préfet de police et le
préfet de la Seine déclare « que l'on pourrait laisser les monceaux
» de matières préparées et assainies dans la ville, que *ces prépa-*
» *rations ne sont pas plus incommodes que celle du mortier,* que
» ce serait sans motif qu'on s'opposerait, dans les campagnes, à
» l'établissement des lieux où elles se feraient, et des magasins
» dans lesquels on les conserverait, parce qu'il est démontré
» que ces matières préparées ne répandent aucune odeur. »
(Pag. 41.)

On lit plus loin « que les oppositions et les réclamations ne peu-
» vent être excitées que par l'*ignorance*, la *prévention* et la *mau-*
» *vaise foi.* »(Pag. 42.)

Le 23 janvier 1835, le Conseil de salubrité est appelé de nouveau à se prononcer sur l'abattage des chevaux, et il s'exprime
ainsi :

« Trois membres du Conseil, désignés à cet effet par le pré-
» sident, se sont rendus inopinément dans la fabrique de M. Cam-
» bacérès; ils n'y ont pas trouvé cet industriel, mais un ouvrier
» leur a fait voir en détail toutes les opérations auxquelles on
» soumettait les cadavres des chevaux, la manière dont on les
» faisait cuire, et l'appareil dans lequel la vapeur agissait à la fois
» sur vingt-cinq de ces animaux. En un mot, ils ont reconnu que
» le problème relatif à l'assainissement de l'écarrissage était
» entièrement résolu; qu'on ne pouvait désirer rien de plus par-
» fait que ce que leur offrait le procédé de M. Cambacérès, et
» que rien n'empêcherait désormais qu'on ne le *mît en pratique*
» *dans l'intérieur même des quartiers les plus populeux de*
» *Paris.* »

Il n'y a donc aucun motif sérieux d'opposition à l'établissement de MM. Payen, Buran et Cambacérès. Les savans, en qui l'autorité a placé sa confiance ont décidé. Tous ceux qui ont voulu voir et s'éclairer sont demeurés convaincus que les avantages sont immenses, et que les inconvéniens sont nuls. Les oppositions reposent même presque toutes sur des erreurs grossières de fait :

Ainsi, dans le Mémoire que les opposans ont produit, ils supposent que la fabrique d'engrais devrait recevoir, par jour, 3oo mètres cubes de matière, et ils présentent, en conséquence, les calculs les plus effrayans. Or, ils prennent le mètre cube pour l'hectolitre, et ils décuplent ainsi la quantité. On n'a jamais reçu, on ne demande à recevoir jamais que 3o mètres cubes. C'est ainsi que la frayeur grossit tous les objets qui la font naître.

Ainsi, on parle de fumée que les vents bas portent sur Paris. Or, il ne s'échappe et ne peut s'échapper des établissemens nouveaux, ni gaz, ni fumée.

Ainsi, on parle des miasmes pestilentiels qui vont se répandre sur les quartiers les plus exposés aux maladies épidémiques, comme on en a fait la cruelle épreuve pendant que régnait le choléra. Or, lorsque le choléra exerça de si affreux ravages à Grenelle et au Gros-Caillou, pas un seul des deux cent cinquante ouvriers employés dans les établissemens de M. Payen ne fut atteint du mal, tandis que plusieurs d'entre eux perdirent leur femme et leurs enfans.

Ainsi, on représente la commune de Grenelle comme destinée, par sa position, à devenir un lieu de plaisance, un séjour délicieux, dont il faut, en conséquence, éloigner tout grand établissement industriel. Or, depuis sept années, on a permis d'y établir la forge de M. Toury, les ateliers pour le traitement des cendres et diverses matières métalliques de M. Davelouis, la fabrique de platine de M. Bréant, et, cette année même, la fabrique de toiles cirées de MM. Touche et compagnie.

Ainsi, on peint la population de Grenelle comme devant s'empresser de fuir une commune, où on ne respirera plus qu'un air empesté. Or, depuis six années que la nouvelle industrie de MM. Payen et Buran est établie, la population de Grenelle s'est accrue de 1,600 à 2,500 habitans, c'est à dire de plus de moitié.

Ainsi, un rapport de M. le maire d'Auteuil nous apprend que, le 5 septembre 1834, les exhalaisons étaient portées à un tel point que les habitans se pressaient sur la place publique pour réclamer prompte justice, en accusant la faiblesse de l'autorité municipale. Or, à l'époque du 5 septembre 1834, la société Payen et Salmon était dissoute, on ne travaillait plus, il n'y avait plus d'engrais dans la fabrique : les odeurs dont se plaignaient les habitans d'Auteuil, si elles venaient de Javelle, ne pouvaient être causées par les fabrications nouvelles. M. le maire n'est pas heureux dans le moment qu'il a choisi, car les travaux n'ont été suspendus qu'un mois, et il place précisément, pendant ce temps, la scène d'émeute qu'il nous dépeint ; quant aux opérations de M. Cambacérès, elles n'avaient pas encore commencé.

Ainsi, on a vu les réclamations s'élever alors seulement que les affiches ont appris à la commune de Grenelle et aux communes voisines que l'on voulait abattre des chevaux à Javelle et y fabriquer du noir animalisé ; jusque-là, aucune plainte ne s'était fait entendre. Le maire d'Auteuil dit dans sa lettre au sous-préfet de Sceaux : « Ce fut vers le 20 novembre, *avant l'expira-* » *tion du mois, à partir du moment de l'apposition des affiches,* » *que les operations de cet établissement ont commencé* à répandre » *des miasmes infects et épouvantables.* » Les habitans, dans leurs oppositions à l'ouverture de la fabrique, s'expriment ainsi : « *Cet* » *établissement est depuis plusieurs jours en activité* et répand.

» une odeur telle, qu'il est impossible aux habitans de cette com-
» mune, même dans la partie la plus éloignée, d'y rester long-
» temps..... Les exhalaisons sont au plus haut degré de fétidité
» et répandent les miasmes les plus corrompus et les plus cor-
» rupteurs. » Or, le Conseil de salubrité a constaté que, dès trois
ans, avant de faire leur demande, MM. Payen et compagnie
confectionnaient en secret les matières fécales fournies par tous
les villages voisins, et qu'il leur arrivait très souvent *d'en pré-
parer* 3oo *hectolitres en vingt-quatre heures.* Mais si on n'a élevé
des plaintes que lorsque les affiches ont révélé l'existence de la
fabrique d'engrais, il en a été autrement en ce qui concerne l'é-
carrissage ; les accusations les plus graves se sont fait entendre
alors que le nouvel établissement n'avait pas encore *commencé ses
opérations et n'était qu'un projet ;* c'est ce que constate encore le
rapport de la Commission de salubrité (p. 21).

Ainsi, on s'écrie qu'on ne peut, sans danger pour l'ordre public, tolérer ou autoriser, ailleurs qu'à Montfaucon, des clos d'é-
carrissage ; que l'abattage des chevaux est funeste, par mille raisons, pour le voisinage. Or, à Londres, l'écarrissage se fait dans
des établissemens situés dans les quartiers les plus beaux et les
plus populeux, et la chair est vendue, par les rues, dans des
voitures couvertes.

Il n'y a donc là qu'erreurs et préjugés ; ce sont les sources uni-
ques des réclamations qui se font entendre. Or, une administration éclairée doit chercher à triompher des préjugés, au lieu de
s'y soumettre ; elle doit dissiper l'ignorance au lieu de suivre ser-
vilement ses inspirations ; elle doit, enfin, faire le bien des populations malgré leur volonté même et leurs efforts contraires.

Il n'en a pas été ainsi de la part de M. le Préfet de police. Dans
son avis du 3i mars 1835, il ne combat pas « *les opinions très
» explicites et toutes favorables de la science ;* mais il croit les

» oppositions fondées, parce que les clos d'écarrissage perfec-
» tionnés, assainis autant qu'il sera possible, n'en restent pas
» moins, pour les opposans, des clos d'écarrissage, *des lieux qui*
» *soulèvent une foule d'idées désagréables* : donc le voisinage n'en
» serait pas moins incommode, lors *même qu'ils cesseraient d'être*
» *insalubres ;* et cela, par la nature même des opérations qui y
» sont pratiquées.... Il ne me paraît pas convenable de permettre
» que de tels établissemens se forment aux alentours de la capitale
» et dans un rayon si rapproché de ses murs d'enceinte.... Je pré-
» fère un foyer unique, un clos d'écarrissage communal.... » Puis,
M. le Préfet, qui ne s'est occupé, dans toute sa lettre, que de
l'établissement d'abattage des chevaux, ajoute tout à coup à la
fin : « La plupart des objections qui s'élèvent contre le clos d'é-
» carrissage s'appliquent, sous plusieurs rapports essentiels, à la
» fabrique d'engrais. »

C'est donc, comme on le voit, l'enseigne de l'établissement,
et non l'établissement même qui effraie M. le Préfet de police.
C'est le nom de la chose, et non la chose même qu'il redoute.
S'il repousse les industries des demandeurs, ce n'est pas parce
qu'elles nuisent à la santé publique, ni parce qu'elles répandent des odeurs incommodes, c'est seulement parce qu'elles
soulèvent une foule d'idées désagréables. Nous en appelons
avec confiance à la haute sagesse du Conseil d'État; il sait
que, s'il faut respecter la propriété, il ne faut pas respecter les
fantômes que peut enfanter l'imagination ; il sait que, s'il faut
repousser une industrie lorsqu'elle se montre nuisible et porte
avec elle des inconvéniens réels, il ne faut pas l'immoler à de
chimériques inquiétudes. Devant le Conseil d'État, il ne suffit
pas, pour qu'une industrie soit étouffée, qu'elle porte un nom
qui sonne mal aux oreilles.

Appelé à émettre un avis sur la grave question qui nous occupe, le Comité consultatif des arts et manufactures s'est trouvé partagé dans sa séance du 18 octobre 1835. Trois membres ont émis un avis favorable, et ils ne voient aucun inconvénient à autoriser les établissemens de MM. Payen, Buran et Cambacérès, pourvu que ces industriels se soumettent à certaines conditions, déterminées dans leur avis : ces conditions sont déjà accomplies par les demandeurs depuis la création de leurs fabriques. C'est donc la conservation même de l'état de choses existant que demandent les trois membres du Comité, et à laquelle s'engagent les demandeurs.

L'avis défavorable est basé sur deux motifs : l'un, qu'on procédera plus en grand, et que le procédé qui présente, en petit, peu d'inconvéniens, devient insupportable lorsqu'on en étend l'application ; l'autre, que les fabricans n'apporteront pas toujours les mêmes soins à leur fabrication, et n'exécuteront pas fidèlement les conditions imposées.

A ces deux motifs la réponse est facile. QUANT AU PREMIER, nous l'avons déjà dit, et nous le répétons : on a, jusqu'à présent, opéré sur trois cents hectolitres par jour; on opérait sur cette quantité, même avant la demande; or, on ne demande pas l'autorisation pour la fabrication d'une quantité supérieure. L'établissement qui, comme on le reconnaît, ne présente aujourd'hui aucun inconvénient, n'en présentera pas davantage un jour à raison de la quantité des matières, puisque cette quantité ne doit pas varier.

D'ailleurs, qu'on ne craigne pas qu'un amas trop considérable d'engrais puisse avoir quelque inconvénient : d'abord, les fabricans ont intérêt à écouler promptement les produits de leur fabrication; ensuite, il est reconnu que la désinfection n'est pas seulement passagère, et que l'odeur, une fois détruite, ne reparaît jamais. Le Conseil de salubrité a fait les plus minutieuses recherches à cet égard. Un membre de la Commission a fait

transporter chez lui une masse égale de poudrette prise à Montfaucon et de matières désinfectées recueillies par lui-même dans
l'atelier de MM. Payen et Buran ; pendant quatre mois, la poudrette n'a pas cessé de répandre l'odeur qui lui est propre ; l'autre
substance s'est desséchée et est restée complètement inodore.

Un autre membre du même Conseil, ayant fait venir dans son
laboratoire un sac entier de matières désinfectées, prises dans un
bateau qui était en charge au bas des ateliers de MM. Payen et
Buran, les a gardées cinq mois dans un endroit frais et humide, et
pendant ce long espace de temps elles n'ont pas répandu plus
d'odeur que de la terre ou du terreau ordinaire.

Pour compléter ses recherches, la Commission s'est adressée au
Conseil de salubrité de Nantes, ville dans laquelle était réunie, à
cette époque, la plus forte portion des produits provenant de la fabrique de MM. Payen et Buran ; la lettre en réponse apprend qu'il
existe quelquefois dans un seul dépôt de Nantes, jusqu'à 20,000 h.
d'engrais sans qu'il s'élève aucune plainte. Les membres du Conseil
de salubrité de Nantes ont visité ce dépôt ; il ne leur a paru répandre
aucune odeur désagréable non seulement à la simple approche,
mais encore après qu'ils avaient fait remuer ces masses à diverses
distances de leur surface. Les procédés d'écarrissage ne doivent
pas être appliqués plus en grand qu'ils ne le sont aujourd'hui, on
n'opérera jamais que sur des masses de vingt-cinq chevaux.

Quant au second motif de crainte présenté par trois membres
du Comité consultatif, que les fabricans n'exécuteront pas les conditions qui leur seront imposées, ce ne peut être un motif de refus.
S'il en était ainsi, il ne faudrait jamais imposer de conditions,
mais refuser purement et simplement l'autorisation, toutes les
fois que certaines précautions seraient jugées indispensables.
Lorsque l'on impose des obligations comme conditions de l'établissement, on suppose une surveillance qui les fait exécuter et
qui ne laisse pas aux fabricans la liberté de se soustraire à leur

accomplissement. D'ailleurs, qui peut autoriser ici cette crainte de négligence de la part des demandeurs? Leur conduite doit repousser tout soupçon à cet égard; la tolérance même de l'autorité, qui laisse subsister l'établissement de MM. Payen et Buran depuis plus de six années et celui de M. Cambacérès depuis décembre 1834, prouve évidemment le soin qu'ils ont toujours apporté à leurs fabrications. Le rapport fait au Comité de salubrité nous apprend que « la Commission ne s'est pas contentée de visiter une fois » et comme en passant l'atelier de M. Payen et compagnie; péné- » trée de l'importance des opérations dont on la rendait témoin, » elle est revenue plusieurs fois, à des jours et à des heures diffé- » rentes, sans donner avis de son arrivée, et ce qu'elle avait vu » à la première visite, elle l'a constaté de nouveau dans toutes les » suivantes. »

Qu'on apprenne que, plusieurs fois, des membres se sont rendus individuellement dans l'établissement, et n'y ont rien trouvé qui motivât les plaintes. (Rapport, pag. 21.)

Qu'on se rappelle ce qui a été dit plus haut, dans le rapport du 23 janvier 1835, que des membres du Conseil se sont rendus inopinément dans la fabrique, en l'absence même des demandeurs, et qu'ils ont trouvé toute chose dans l'état le plus parfait.

On a vu que ce qui a inquiété M. le Préfet de police, ce n'était pas la réalité, mais le préjugé; l'on voit maintenant que ce qui inquiète les membres opposans du Comité, ce n'est pas non plus ce qui existe et doit continuer d'exister, mais bien ce qu'on y substituerait : sont-ce là des motifs réels et qui puissent avoir quelque influence sur le Conseil d'État ?

Les oppositions qui ont été élevées par les habitans des com- munes voisines de Javelle ont été suscitées par l'erreur seule, mais cette erreur était fomentée par des personnes qui y avaient intérêt. Une compagnie a acheté tous les terrains de la ferme de Grenelle, et elle est parvenue à porter ses actions à un taux exagéré, en persuadant à ses actionnaires que les terrains obtiendraient une valeur considérable aussitôt que l'établissement de MM. Payen, Buran et Cambacérès serait fermé. On a spéculé sur cette opinion, que l'on a accréditée par tous les moyens possibles. Or on doit être bien convaincu que les terrains n'augmenteraient pas de prix, comme quelques personnes veulent bien le croire, par le refus de l'autorisation sollicitée; jamais ces terrains ne pourront atteindre le taux de 120,000 francs l'arpent, auquel on les a portés. D'ailleurs, que l'autorisation soit refusée, **M. Payen** conservera les ateliers de première classe qu'il possède dans le même établissement, et si des odeurs désagréables s'échappent de ces ateliers, cet inconvénient n'aura pas cessé.

Le gérant de cette compagnie des pont, gare et port de Grenelle est le maire même de cette commune, celui qui était appelé à recevoir les oppositions, celui qui pouvait former opposition au nom de la commune, celui enfin qui, le 22 avril 1833, prenait le soin d'écrire à chacun des habitans pour qu'il n'omît pas de faire consigner au procès-verbal les moyens d'opposition qu'il pouvait avoir (voir la lettre imprimée aux pièces), et qui, pour grossir la liste des oppositions, prenait soin de les recueillir de porte en porte. (Rapport de la Commission de salubrité, p. 19.)

L'adjoint de Grenelle est liquidateur de la compagnie.

Maintenant que nous avons répondu à nos adversaires, il est temps de montrer que l'opinion locale n'est pas, comme on voudrait le faire croire, tout entière soulevée contre M. Payen et compagnie.

Que l'on sache que, le 23 mai 1833, une pétition était adressée au préfet de police, par 150 individus, propriétaires ou commerçans patentés de Grenelle, qui demandaient à l'autorité de permettre l'établissement, dans l'intérêt même de la commune.

Le 18 juin 1833, le sieur Cournol, avocat, propriétaire à Grenelle, adressait la même demande à M. le préfet de police.

Le 22 juin 1835, M. le duc de Montmorency, qui possède la
propriété la plus considérable d'Auteuil (cette commune dont
on représente les habitans comme s'ameutant contre l'autorité,
qui refuse de faire fermer les ateliers nouveaux de MM. Payen et
Cambacérès), écrivait à M. Payen, chez lequel il s'était rendu
la veille : « .... Je vous remercie de la complaisance que vous avez
» mise à me montrer en détail votre établissement : j'y ai re
» connu, avec bien du plaisir et intérêt, que l'abattage des chevaux
» et la préparation du noir animalisé n'ajouteraient aucun incon
» vénient aux anciennes fabrications, que même ils pourraient
» diminuer un peu les émanations de la manufacture de sel am
» moniac, en procurant des os propres, et en désinfectant les
» résidus des fonderies d'os. »

On cherche à représenter M. Payen comme l'ennemi de tout
le voisinage, comme un homme repoussé par la commune de
Grenelle. Comment se fait-il donc que l'opinion publique se prononce en sa faveur, toutes les fois qu'elle est appelée à se
manifester par des élections? Comment se fait-il qu'il ait été
constamment réélu membre du conseil municipal, commandant
de la garde nationale, et même membre du conseil d'arrondissement, en concurrence avec le maire, qui se montre à la tête
des opposans.

Après avoir rappelé l'opinion favorable de la science, l'opinion de la presse, l'opinion de la majorité de la portion éclairée
des habitans de la commune, il nous reste à rappeler l'opinion
du Conseil de préfecture, qui est appelé, par la loi même, à
donner, dans ces matières, son avis, sauf la décision du Conseil
d'État (art. 4, décret du 15 octobre 1810.)

L'avis du Conseil de préfecture est ainsi conçu : « .... Après

» s'être transporté sur les lieux, en raison de l'importance de
» l'établissement projeté, et du grand nombre d'oppositions que
» sa formation a suscitées;

» Considérant que les nombreuses et énergiques oppositions
» qui se sont élevées, soit de la part des magistrats et d'un grand
» nombre d'habitans des communes de Grenelle, de Vaugirard,
» d'Issy, de Passy et d'Auteuil, soit de la part des officiers de
» santé et de l'administration de l'hôtel des Invalides et de l'hô-
» pital militaire du Gros-Caillou, contre l'établissement des sieurs
» Salmon, Payen, paraissent toutes basées sur une appréciation
» inexacte de la nature de cet établissement et des inconvéniens
» qu'il peut présenter;....

» Considérant qu'un grand nombre des opposans se sont plaints
» des odeurs infectes que leur donnait l'établissement d'écarris-
» sage des demandeurs, tandis que cet établissement n'est encore
» qu'en projet, et que MM. Salmon et Payen se sont bornés à
» quelques essais dont les résultats ont paru, aux Commissaires
» qui y ont assisté, entièrement satisfaisans;

» Que, quant à la fabrication d'engrais au moyen des vidanges,
» elle est en exploitation depuis plusieurs années, et a reçu, de-
» puis cette époque, une activité telle, que la vente des engrais
» provenant de cette fabrique se porte jusqu'à trois cents hecto-
» litres par jour, et que ce n'est que depuis la pose des affiches
» annonçant la demande formée par MM. Salmon et Payen que les
» opposans se sont plaints d'être incommodés, quoiqu'il leur fût
» impossible de distinguer si les odeurs dont ils prétendent avoir
» été frappés provenaient de la fabrique de MM. Salmon et Payen
» ou des autres établissemens industriels qui sont dans le voisinage;

» Considérant qu'au moyen des dispositions indiquées dans
» l'Avis du Conseil de salubrité, du 8 mars 1833, l'établissement de
» MM. Salmon et Payen ne présentera, sous le rapport de la salubrité

» ou de l'incommodité, aucun inconvénient réel ni pour la com-
» mune de Grenelle ni pour les communes environnantes.... ;

» Considérant enfin que, dans l'intérêt de la salubrité de la
» ville de Paris, il y a lieu d'encourager la formation de nouveaux
» établissemens qui pourraient amener à supprimer les foyers
» d'infection qui existent à Montfaucon, ou à changer avanta-
» geusement le système de ces voiries.... : est d'avis qu'il y a lieu
» d'autoriser.... »

Cet avis du Conseil de préfecture contient le résumé exact des moyens des demandeurs. Il est donc bien établi que les deux nouvelles industries, dont on sollicite l'établissement, ne présentent aucun inconvénient réel pour Grenelle ni pour les communes environnantes. Mais nous irons plus loin, et nous établirons que cet établissement ne peut qu'être favorable à ces différentes communes.

III.

L'adjonction des nouvelles industries aux autres fabrications de M. Payen présente de grands avantages pour les populations environnantes.

En 1791, M. Payen père fonda à Javelle plusieurs fabriques; et, antérieurement à 1810, on comptait en cet endroit un nombre considérable de fabrications nouvelles.

On y voit des ateliers de troisième classe, consacrés à la fabrication du borax, de l'acide borique, de l'alcali volatil, du camphre, etc.

On y compte des ateliers de deuxième classe, destinés à la fabrication des huiles essentielles, du soufre mis en fleurs et en canons, etc.

Les ateliers de première classe sont nombreux. M. Payen père fut le premier en France qui fonda une fabrique de sel ammoniac, à laquelle il ajouta des fabriques de soude, d'acides, employant os gras, urine, os d'écarrissage, sang, chair musculaire, chiffons de laine et de soie, débris de peaux. En l'an xi fut établie, sur la même propriété, la première boyauderie française, qui exploita, dès l'origine, tous les intestins des abats de Paris et des environs (de 70,000 bœufs et de 300,000 moutons) ; on ajouta à ces fabrications la préparation de la colle-forte et une fonderie d'os : ces industries sont celles qui porteraient avec elles le plus d'inconvéniens. Or, M. Payen et compagnie sont en possession de ces fabrications à Javelle, et personne ne peut les en dépouiller ; ils ne sauraient être obligés à s'éloigner à l'approche des habitations qui s'avanceraient vers eux.

MM. Payen, Buran et compagnie ont apporté les améliorations les plus remarquables à toutes ces fabrications, et en ont anéanti ou diminué les inconvéniens, autant qu'il était possible de le faire. Mais, quoiqu'il en soit, les industries nouvelles, dont on sollicite l'établissement, doivent améliorer encore cet état de choses. Ainsi, l'abattage perfectionné des chevaux a diminué les exhalaisons désagréables de la fabrique de sel ammoniac, en lui fournissant des os blancs et purs, en remplacement d'une portion des os mal décharnés qui, jusqu'alors, étaient exclusivement tirés des clos d'écarrissage. Ces os, apportés de la voirie générale, ne peuvent être employés promptement, parce que l'adhérence des tendons charnus rend leur cassage long et difficile, et ils répandent une odeur repoussante.

D'un autre côté, la fabrique de poudre désinfectante, nécessaire pour la préparation de l'engrais, fournit aussi des moyens de désinfection à l'atelier d'écarrissage, et l'on peut ainsi convertir, à l'instant même, en engrais les produits de l'abattage qui ont cette destination.

On voit donc qu'il y a un très grand avantage, dans l'intérêt de la salubrité publique, à ne pas séparer l'atelier d'abattage de celui où l'on travaille l'engrais, parce qu'ils se délivrent réciproment des inconvéniens que l'on prétendrait exister. On voit aussi que, puisqu'on ne saurait éloigner de Javelle les ateliers de première classe qui y sont établis, il importe de leur adjoindre la fabrication d'engrais, qui permet de diminuer les odeurs incommodes de ces établissemens, et l'abattage des chevaux qui leur fournit des matières propres et sans odeur.

Mais ce n'est pas l'intérêt seul de Grenelle qui réclame l'autorisation que nous sollicitons, c'est aussi l'intérêt de la ville entière de Paris.

L'opération des vidanges n'est plus désormais pour les propriétaires une cause d'inquiétudes; pour les locataires, une source de désagrémens; pour les passans, un objet de dégoût; pour les ouvriers, une occasion de dangers; c'est une opération qui se fait sans que les habitans mêmes de la maison puissent être avertis par l'odeur. Il est vrai qu'on ne peut, à l'aide des procédés de MM. Payen et Buran, convertir en engrais les matières qui se trouvent mêlées à une quantité d'eau trop considérable; mais, lorsque ces circonstances se présentent, on commence par enlever des fosses, avec des pompes, l'eau qui recouvre les matières; ces eaux sont transportées à Montfaucon. Le travail des pompes est rapide, et les matières sont aussitôt après transformées en engrais dans la fosse même.

Quant à la supériorité des procédés de M. Cambacérès et compagnie sur les procédés anciens, elle est telle qu'il peut acheter les chevaux destinés à être abattus à un prix beaucoup plus élevé que les autres équarrisseurs, et que les chevaux de la garnison, autrefois vendus 5 fr., sont aujourd'hui soumissionnés à 25 fr. 5 c. Le prix des chevaux des administrations des Omnibus s'est

élevé de 10 à 16 fr.; ceux des Tricycles sont soumissionnés à
20 fr.

Il suffirait, pour que les établissemens de MM. Payen et Buran,
Cambacérès et compagnie fussent autorisés, qu'ils ne présentas-
sent aucun inconvénient; or, il n'y a pas seulement absence complète d'inconvéniens, il y a, de plus, avantage immense pour la
ville de Paris, et pour un grand nombre des communes qui l'en-
tourent.

Les demandeurs se présentent soutenus par l'opinion de la
science; par l'opinion de ceux que l'autorité a choisis, à différentes
époques, pour l'éclairer; par l'opinion de toute la presse; par
l'opinion des habitans impartiaux de Grenelle et d'Auteuil; par
l'opinion de tous ceux qui ont bien voulu examiner par eux-
mêmes et prendre pour juges leurs yeux et leur odorat; par
l'opinion enfin du Conseil de préfecture, qui s'est transporté sur
les lieux.

Le Conseil d'État, nous en avons la confiance, ne se montrera
pas sourd à ce concours de témoignages; il ne refusera pas le
bienfait immense que les demandeurs viennent offrir à la ville de
Paris; il ne repoussera pas des industriels qui sollicitent une
autorisation, mille fois plus précieuse encore pour leurs conci-
toyens que pour eux-mêmes.

Novembre 1835.

BEAUCOUSIN,

Avocat aux Conseils du Roi et à la Cour de cassation.

IMPRIMERIE DE MADAME HUZARD (née Vallat la Chapelle),
rue de l'Eperon, n° 7.

ADDITION.

Pour répondre à l'objection qui leur a été faite, que leurs procédés seraient sujets à quelques variations dans leur application en grand, et voulant d'ailleurs que l'état réel des choses fût constaté jusqu'à ce jour, MM. Payen, Buran et Cambacérès se sont adressés aux personnes les plus capables de prononcer, et qui ont visité récemment leur établissement.

Au moment où ce Mémoire était sous presse, ils ont reçu les attestations suivantes :

Je pense que le moment est enfin arrivé où l'on n'a qu'à vouloir pour débarrasser Paris des graves inconvéniens de la vidange des fosses et de l'équarrissage de Montfaucon; mon avis est que les procédés de désinfection des matières fécales et de cuisson des chevaux morts que j'ai vu exécuter à Grenelle et dans Paris sont déjà suffisans, et je ne crois pas que l'Administration ait, en ce moment, rien de mieux à faire, en ce genre, que d'entourer de toute sa protection les établissemens dans lesquels MM. Payen et Buran exploitent ces deux industries.

Ce 31 octobre 1835.

Signé D'ARCET.

N. B. M. d'Arcet, membre de l'Institut, fait partie du Comité consultatif des arts et manufactures; il n'assistait pas à la séance du 18 octobre 1835, où les six membres présens se sont trouvés partagés d'opinions.

L'établissement, formé dans la plaine de Grenelle par MM. Payen et Buran, pour l'abattage des vieux chevaux, et la destruction instantanée de l'odeur des substances animales en putréfaction et des matières fécales, mérite tout l'intérêt du gouvernement par les immenses services qu'il rend déjà à l'agri-

culture et à la salubrité publique. Je déclare avoir constaté à plu-
sieurs reprises, non seulement les avantages des opérations exé-
cutées dans l'établissement de MM. Payen et Buran, et l'utilité
des engrais obtenus, mais encore la complète innocuité de la fabri-
cation de ces produits, dont les miasmes sont concentrés dans
l'établissement et ne peuvent avoir aucune action sur les habitations
de Grenelle.

Ce 2 novembre 1835.

Signé Baron DE SILVESTRE,
Membre de l'Institut.

Je regarde les procédés de MM. Payen et Buran, pour la
transformation immédiate des vidanges et des chevaux d'abattage
en engrais et autres produits commerciaux, comme l'une des plus
importantes améliorations hygiéniques que l'on puisse introduire
dans la ville de Paris.

Non seulement ces procédés ont pour conséquence directe la
disparition des voiries et de leurs graves inconvéniens, mais encore
ils peuvent créer en quantité considérable une matière alimen-
taire saine et très nutritive, qui, dès à présent, est employée pour
nourrir les animaux, et qui, dans un besoin pressant, pourrait entrer
avec grand avantage dans l'alimentation de l'homme.

Ce 4 novembre 1835.

Signé MAGENDIE.

Je partage entièrement l'opinion de mon honorable collègue
M. Magendie sur l'objet du rapport ci-dessus.

Ce 5 novembre 1835.

Signé Baron LARREY.

N. B. M. le baron Larrey, membre de l'Institut, est chirurgien en chef des
Invalides et habite l'Hôtel-Royal. Son opinion répond à l'objection, tirée par les
opposans, de réclamations qui auraient été présentées par des personnes domi-
ciliées dans l'Hôtel. Avant d'émettre cet avis, M. Larrey a visité les établissemens
de MM. Payen, Buran et Cambacérès, dans tous leurs détails.

J'ai vu à plusieurs reprises, et le plus souvent à l'improviste, les deux établissemens de MM. Payen et Buran, à Grenelle, pour la conversion immédiate des vidanges et des chevaux morts en engrais et autres produits.

Ces fabrications, dans leur ensemble, me paraissent non seulement sans inconvéniens pour le voisinage, mais elles sont en outre, dans mon opinion, dignes, au plus haut degré, des encouragemens de l'Administration, comme offrant les moyens d'assainissement les plus simples et les plus efficaces pour la ville de Paris.

Paris, 6 novembre 1835.

Signé J. DUMAS,

Membre de l'Institut, Professeur à la Faculté des sciences.

Je regarde, comme une des applications les plus heureuses des connaissances chimiques aux besoins de la société, le procédé par lequel l'établissement de Grenelle transforme immédiatement les matières fécales en un engrais très puissant; j'ai été témoin, avec tous les élèves de l'École polytechnique, de la rapidité presque miraculeuse avec laquelle on y fait disparaître complètement l'odeur repoussante de ces matières : tous les hommes éclairés doivent faire des vœux pour que cet établissement, éminemment utile, jouisse enfin de la stabilité nécessaire pour sa prospérité.

Paris, 6 novembre 1835.

Signé DULONG,

Membre de l'Institut, Directeur des études à l'École polytechnique.

Je partage entièrement les opinions des savans qui précèdent; c'est aussi pour avoir vu appliquer et avoir examiné avec attention les procédés de MM. Payen et Buran, à Grenelle, que je demeure convaincu de l'extrême utilité de ces procédés. Entraver les travaux de ces industriels, ce serait, sans contredit, s'opposer à une entreprise dont la société peut tirer les plus grands avantages et qui ne peut, en aucune manière, être nuisible à leurs voisins.

Paris, ce 8 novembre 1835.

Signé MARC,

Membre de l'Académie de Médecine, premier Médecin du Roi.

J'ai examiné dans tous leurs détails les travaux manufacturiers au moyen desquels MM. Payen, Buran et Cambacérès convertissent immédiatement, à Grenelle, les matières fécales et les débris d'animaux en produits non infects.

Ces opérations offrent un grand intérêt public, elles n'ont aucune sorte de danger pour la salubrité du voisinage, et peuvent même assainir une partie des anciennes fabrications faites dans la même localité.

Paris, 8 novembre 1835.

Signé BRESCHET,

Membre de l'Institut, Chirurgien en chef de l'Hôtel-Dieu.

Je partage entièrement l'opinion de mes confrères de l'Académie sur l'utilité de l'établissement de MM. Payen, Buran et Cambacérès, pour transformer immédiatement les matières fécales en engrais puissant.

Paris, 8 novembre 1835.

Signé BECQUEREL,

Membre de l'Institut, Professeur au Collège de France.

J'ai examiné dans tous leurs détails les procédés employés par MM. Payen et Buran, pour la désinfection des matières fécales et la conversion des matières animales en engrais, et je pense que leur entreprise ne pourrait être trop encouragée par l'autorité supérieure.

Paris, le 10 novembre 1835.

Signé J. JUGE,

Vice-Président du Conseil de salubrité.

M. Juge, docteur en médecine, a présidé la plupart des délibérations par suite desquelles les rapports sur les industries précitées, tous favorables, depuis 1827 jusqu'à ce jour, ont été adoptés par le Conseil de salubrité de Paris.

9 782013 490474